LA GUERRE DE SÉCESSION
L'UNION DÉCHIRÉE

— L'abolition de l'esclavage comme seul remède

par Romain Parmentier

50MINUTES

LA GUERRE DE SÉCESSION

- **Quand ?** Du 12 avril 1861 au 9 avril 1865.
- **Où ?** Aux États-Unis d'Amérique.
- **Contexte ?** L'essor américain, les revendications contre l'esclavage et la guerre civile.
- **Belligérants ?** Les États-Unis d'Amérique et la Confédération des États d'Amérique.
- **Acteurs principaux ?**
  - Camp nordiste :
    - Abraham Lincoln, homme d'État américain (1809-1865).
    - Ulysses S. Grant, général et homme d'État américain (1822-1885).
  - Camp sudiste :
    - Jefferson Davis, officier et homme d'État américain (1808-1889).
    - Robert E. Lee, général américain (1807-1870).
- **Issue ?** Victoire des États-Unis, reconstruction du Sud et abolition de l'esclavage.
- **Victimes ?**
  - Du côté des nordistes : 360 000 morts.
  - Du côté des confédérés : 258 000 morts.

Le 12 avril 1861, à 4 h 30 du matin, un premier obus s'écrase sur les murailles de Fort Sumter au large de la Caroline du Sud. La guerre de Sécession vient tout juste de commencer. 85 ans après sa Déclaration d'indépendance, la nation américaine sombre dans la guerre civile au cours de laquelle des centaines de milliers d'hommes trouveront la mort dans la boue et l'horreur des champs de bataille.

Les racines de ce conflit remontent au début du siècle. Fruits d'une évolution différenciée au sein d'un même pays, le Nord et le Sud des États-Unis présentent des visages fort différents. Au Nord industrialisé et libéral s'oppose le Sud des plantations de coton, conservateur. Mais c'est sur la question de l'esclavage que tous les esprits se crispent : condamné par le Nord, celui-ci est primordial au royaume du coton.

En 1860, lorsque le républicain abolitionniste Abraham Lincoln accède à la présidence, la rupture est consommée. Refusant la politique nordiste, les États sudistes font sécession et créent la Confédération des États d'Amérique. La guerre éclate, et chaque camp entend bien se battre jusqu'au bout. Entre les yankees nordistes et les confédérés sudistes, la lutte est acharnée. Les batailles s'enchaînent, mettant en avant de brillants stratèges à l'instar d'Ulysses S. Grant et de Robert E. Lee. Achevée le 9 avril 1865 par la capitulation de la Confédération, la guerre de Sécession reste à ce jour le conflit le plus meurtrier de l'histoire des États-Unis.

CONTEXTE POLITIQUE, SOCIAL ET ÉCONOMIQUE

NORD ET SUD : DEUX MONDES DANS UNE MÊME NATION

Loin des ravages de la guerre, les États-Unis de la première moitié du XIXe siècle sont à plus d'un titre une puissance territoriale, démographique et économique en plein essor. Le siècle s'annonce prometteur. Le territoire national ne cesse de s'agrandir au gré des conquêtes, des achats de terres et de la colonisation de territoires au détriment des populations indiennes. En 1860, le pays compte 33 États fédérés et possède déjà les frontières qu'on lui connaît aujourd'hui, à l'exception de l'Alaska et de l'archipel d'Hawaii. Cette incroyable extension territoriale va de pair avec une importante croissance démographique issue du renouvellement naturel de la population, mais surtout d'une immigration constante d'Européens en quête de richesse et de liberté. De 4 millions en 1790, la population atteint les 31 millions en 1860.

Cette expansion territoriale et démographique dope l'économie du pays, et l'immensité des terres acquises au cours des décennies offre des perspectives infinies. L'agriculture et l'élevage, loin de se contenter du marché intérieur, s'ouvrent désormais à l'exportation. De même, le secteur industriel américain prend le pas de la première révolution industrielle du fer, du charbon et de la machine à vapeur (1830-1870) qui a déjà métamorphosé le visage de l'Europe. Appuyée par une main-d'œuvre inépuisable, par une révolution des moyens de transport (les bateaux et trains à vapeur) ainsi que par l'innovation des moyens techniques (le télégraphe électrique inventé par Samuel Morse en 1844 ou encore la machine à coudre créée par Isaac Singer en 1851), l'industrie textile, métallurgique et mécanique jouit d'une croissance de près de 8 % par an. Le mode de vie des Américains change inévitablement : les petits domaines agricoles autosuffisants se font de plus en plus rares et laissent la place à d'immenses exploitations spécialisées, tandis que l'afflux d'immigrés vient gonfler les villes qui se transforment en véritables métropoles économiques. D'une population de 100 000 habitants en 1810, New York dépasse le million 50 ans plus tard.

Mais cette incroyable montée en puissance des États-Unis fait aussi éclater au grand jour des lignes de fracture entre le Nord et le Sud de la jeune nation. Jouissant inégalement des progrès de l'époque, ces deux mondes ont en effet des intérêts et des besoins antagonistes. Au Nord, le climat, plus froid, a limité les exploitations agricoles au profit de l'économie marchande et industrielle. Cela a pour effet de favoriser le libéralisme, l'esprit d'entreprise et le désir d'ascension sociale. Dans le Sud, par contre, où le climat est bien plus clément, les habitants s'adonnent à la culture intensive du tabac, de la canne à sucre et surtout du coton. La société reposant sur de grands propriétaires terriens y est beaucoup plus figée et calquée sur l'ancienne aristocratie européenne.

La révolution industrielle de la première moitié du XIXe siècle renforce ces différences. Le Nord consacre en effet une partie toujours plus importante de son économie à l'industrie ; tant et si bien qu'en 1860, 90 % de la production industrielle du pays provient de cette région. Il préconise en outre des lois douanières protectionnistes afin de protéger ses entreprises. Le Sud connaît également les conséquences de la révolution industrielle. Les demandes en coton à destination du Nord et de l'Europe sont en constante croissance. Il en résulte une spécialisation dangereuse de l'économie du Sud et une dépendance accrue envers le monde extérieur provoquant son endettement progressif vis-à-vis des banques du Nord. Cela nécessite, *a contrario* du Nord, une politique libre-échangiste nécessaire pour favoriser ses exportations.

Ce sont donc bien deux mondes qui s'opposent au sein d'une même nation. Mais si le Nord et le Sud parviennent à cohabiter pour un temps, il est une question qui va remettre tout en cause : l'esclavage.

L'ESCLAVAGE ET SES CONSÉQUENCES

Puisant ses origines dans les conséquences de la première colonisation, l'esclavage est pratiqué sur le sol américain depuis l'établissement des premiers colons. Son importance est toutefois manifeste dans le Sud agricole où l'esclave noir, habitué à de fortes chaleurs, est une source de main-d'œuvre indispensable. Au fil des siècles, c'est un véritable modèle socio-économique reposant sur cette pratique qui s'est mis en place dans le Sud.

En 1787, la question n'en est pas moins au cœur des discussions lors de la rédaction de la Constitution des États-Unis. À l'instar des principes de la Déclaration d'indépendance de 1776 qui prône l'égalité entre les hommes, l'esclavage est perçu comme une infamie par bon nombre de Pères fondateurs. Mais les dissensions qu'il crée entre les différents États du jeune pays empêchent une abolition pure et simple. En 1787, la Constitution laisse donc le choix à chaque État de pratiquer ou non l'esclavage, et seule la suppression de la traite, c'est-à-dire du trafic des esclaves depuis l'Afrique vers les États-Unis, est prévue pour 1808. Les Pères fondateurs espèrent ainsi endiguer le mal jusqu'à sa suppression naturelle.

Dans le Nord en voie d'industrialisation, l'esclavage est progressivement aboli avec le soutien des mouvements progressistes. L'afflux constant de main-d'œuvre favorisant la productivité et l'économie de marché rend d'ailleurs cette pratique inutile. Mais cette réalité est loin d'être observable dans le Sud. L'essor du pays rend en effet les États sudistes encore plus dépendants de la main-d'œuvre servile, et cela malgré la suppression de la traite. La demande croissante de coton pour l'industrie textile les oblige en effet à produire toujours plus : de 355 000 balles de coton en 1820 (une balle pèse 226,7 kg), la production atteint les quatre millions de balles en 1860. Abolir l'esclavage signerait ainsi l'arrêt de mort de l'économie sudiste. Ce besoin de rentabilité constant pousse le Sud à favoriser l'esclavage de même que la contrebande depuis la fin de la traite.

Esclaves noirs américains utilisant la première égreneuse afin de séparer la graine du coton de sa fibre, dessin de William L. Sheppard, 1869.

Le débat sur l'abolition de la pratique est malgré tout ouvert, d'autant plus que la problématique est d'actualité, notamment en Europe où l'Angleterre ainsi que la France y ont définitivement mis un terme, respectivement en 1833 et en 1848. Véritable fer de lance de l'abolitionnisme, le Nord entame sa croisade contre l'esclavage avec le soutien de philosophes, de religieux ou encore d'écrivains à l'exemple d'Harriet Beecher-Stowe (1811-1896), l'auteure de *La Case de l'oncle Tom* (1852). En 1816 déjà, on envisage dans le Nord de rapatrier les Noirs en Afrique.

Cette initiative qui se soldera certes par un échec donne néanmoins naissance au Liberia en 1847. Toutefois, ces revendications restent lettres mortes dans le Sud qui, armé de ses propres théoriciens, prône la servitude naturelle des Noirs et la supériorité presque biblique des Blancs.

Au-delà de l'enjeu éthique et philosophique, la question de l'esclavage revêt aussi une facette politique hautement importante. Certes, les Pères fondateurs avaient laissé le choix aux États de pratiquer l'esclavage s'ils le souhaitaient, mais qu'en serait-il des nouveaux États ? Enjeux tant pour le Sud que pour le Nord, les territoires de l'Ouest sont en effet l'objet de toutes les convoitises, surtout pour le Sud en quête de terres pour l'exploitation du coton. Or exporter le modèle de plantation sudiste implique inévitablement d'en exporter également la pratique de l'esclavage. Cette recherche de terres risque donc de déséquilibrer l'Union en faveur de l'un ou l'autre camp.

L'ÉLECTION PRÉSIDENTIELLE DE 1860

Véritable poison de la politique américaine, l'esclavage devient le principal facteur de désunion entre le Nord et le Sud. En 1820, l'Union compte 22 États dont la moitié est esclavagiste et l'autre libre. Toutefois, l'expansion vers l'Ouest pousse à la création d'un nouvel État, le Missouri, qui viendra mettre à mal cet équilibre précaire. L'adhésion du Missouri à la cause esclavagiste nécessite un compromis immédiat pour restaurer l'équilibre. Le Maine est ainsi créé à la suite de la division du Massachusetts. De plus, une ligne de délimitation est tracée sur le parallèle 36° 30' de latitude nord interdisant l'esclavage à l'ouest au-dessus de cette ligne à l'exception du Missouri, ce qui vient entériner plus encore la fracture entre le Nord et le Sud. Si l'équilibre est maintenu, il est impossible de le garantir sur le long terme. Au gré des adhésions, les tensions resurgissent jusqu'à ce qu'en 1857, la Cour suprême déclare le compromis de 1820 contraire à la Constitution. Le fragile équilibre vole ainsi en éclats.

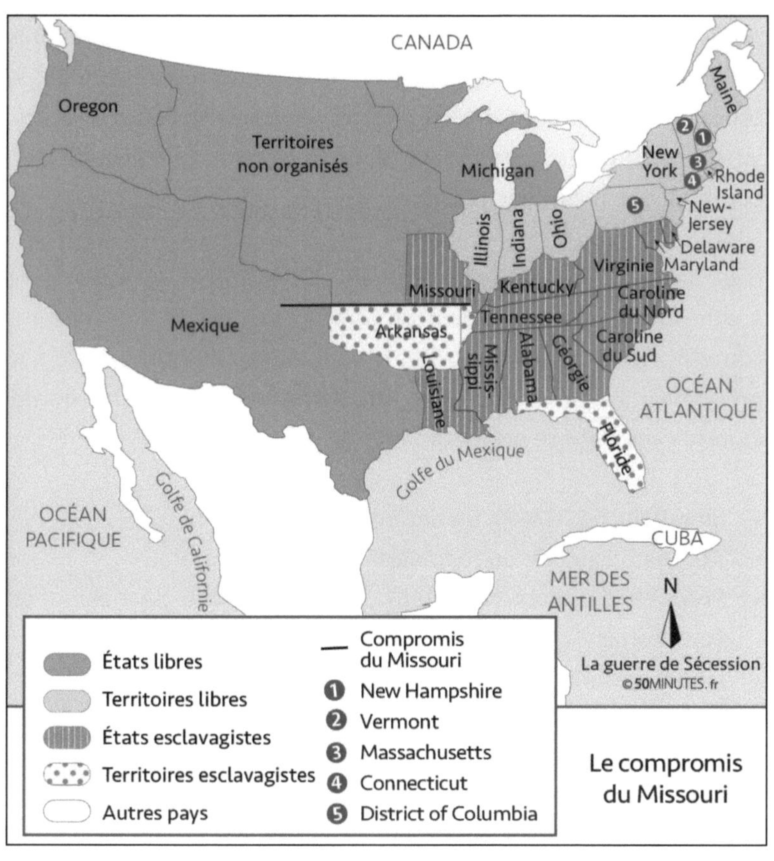

Dans le Nord, on accuse le Sud de vouloir implanter l'esclavage partout, alors que dans le Sud, on reproche au Nord de vouloir émanciper définitivement tous les esclaves ruinant de fait toute l'économie sudiste. Face à ces tensions, même les partis politiques nationaux sont au bord de l'implosion. Jusqu'alors, le Parti démocrate, principale formation politique du pays, rassemblait les planteurs du Sud, les fermiers de l'Ouest, les ouvriers du Nord et les partisans généraux de l'Union. Les tensions entre le Nord et le Sud finissent par diviser le parti dont la frange anti-esclavagiste fonde, en 1854, le Parti républicain. Son programme se veut entièrement voué à la cause du Nord : refus de l'esclavage dans l'Ouest et mise en place de politiques douanières protectionnistes. Les oppositions entre les deux clans reprennent de plus belle. En 1859, un activiste abolitionniste John Brown (1800-1859) tente un soulèvement des esclaves en Virginie. Arrêté et exécuté, John Brown devient un martyr dans le Nord et l'incarnation du complot nordiste dans le Sud.

C'est dans ce climat de défiance totale que les États-Unis s'apprêtent à élire un nouveau président en 1860. Les États du Sud mettent toutefois leurs opposants en garde : si un républicain accède à la présidence, ils feront sécession afin de protéger leur mode de vie. Quatre candidats se présentent :

- John Bell (1797-1869), un nationaliste ;
- Abraham Lincoln, un républicain modéré ;
- Stephen Douglas (1813-1861), un démocrate partisan d'un compromis ;
- John Breckinridge (1821-1875), un dissident démocrate esclavagiste.

Profitant des tensions au sein du Parti démocrate, Abraham Lincoln obtient, le 6 novembre 1860, 38 % des suffrages et le soutien de 19 États, faisant de lui le nouveau président des États-Unis. Il doit entrer en fonction le 4 mars 1861. Le Sud ne lui laisse néanmoins pas l'occasion de faire ses preuves. Le 20 décembre 1860, la Caroline du Sud fait sécession et quitte l'Union. Elle est suivie en janvier par six autres États. L'Union bascule dans le chapitre le plus sombre de son histoire.

ABRAHAM LINCOLN

Dessin représentant Abraham Lincoln réalisé en 1894.

Né le 12 février 1809 dans le Kentucky, Abraham Lincoln est le 16e président des États-Unis. Issu d'une famille de fermiers modestes, il suit ses parents dans l'Indiana en 1816 avant de s'installer en 1830 dans l'Illinois. Tel un self-made-man, le jeune Lincoln exerce plusieurs métiers tout en suivant des études de droit, sa véritable passion. En 1837, il peut enfin ouvrir son propre cabinet d'avocat à Springfield après avoir réussi l'examen du barreau.

Parallèlement, le jeune homme s'intéresse à la politique. Il rejoint le Parti whig et accède en 1834 à l'Assemblée législative de l'Illinois. Réélu à quatre reprises, Lincoln aspire toutefois à plus de responsabilités. En 1846, il est élu à la Chambre des représentants à Washington, poste qu'il occupe jusqu'en 1849. Retournant un temps à sa carrière d'avocat, il rejoint les rangs du Parti républicain en 1854 et se présente aux élections sénatoriales de 1858 qu'il perd face à Stephen Douglas.

C'est toutefois l'occasion pour lui de préciser son opinion sur l'esclavage. S'il a en horreur cette pratique, qui, selon lui, « se fonde sur l'égoïsme de la nature humaine », il n'est pas pour autant favorable à l'égalité entre Blancs et Noirs :

> « Je dirai donc que je ne suis pas, et que je n'ai jamais été, en faveur de l'égalité politique et sociale de la race noire et de la race blanche, que je ne veux pas et que je n'ai jamais voulu que les Noirs deviennent jurés ou électeurs ou qu'ils soient autorisés à détenir des charges politiques, ou qu'il leur soit permis de se marier avec des Blancs […]. Dans la mesure où les deux races ne peuvent vivre ainsi, il doit y avoir, tant qu'elles resteront ensemble, une position inférieure et une position supérieure. Je désire, tout autant qu'un autre, que la race blanche occupe la position supérieure. » (discours repris dans KASPI (André), *La guerre de Sécession. Les États désunis*, Paris, Gallimard, 1999, p. 49)

Lincoln considère l'esclavage comme une menace pour l'Union, et pense donc qu'il est nécessaire de régler le problème. Afin de rassurer les esclavagistes, il s'inscrit dans une position modérée. Il souhaite maintenir l'esclavage là où il existe et l'interdire là où il ne s'est pas encore implanté. Cette posture qui vise à rassembler fait de lui le candidat du Parti républicain pour les élections présidentielles de 1860 qu'il remportera. Mais son élection provoque la sécession de 13 États, ce qu'il ne peut accepter.

Il mène ainsi la guerre contre les sécessionnistes jusqu'à la réédition totale des forces confédérées le 9 avril 1865. Cinq jours plus tard, l'homme qui a émancipé les esclaves en 1862 et qui a fait voter le XIIIe amendement de la Constitution visant à abolir l'esclavage est assassiné lors d'une représentation théâtrale par un fanatique, John Wilkes Booth (1839-1865). Touché par une balle dans la tête, le sauveur de l'Union décède à Washington le 15 avril 1865 à 7 h 22, mais il restera dans les mémoires comme l'un des plus grands présidents des États-Unis.

Assassinat d'Abraham Lincoln.

ULYSSES S. GRANT

Portrait d'Ulysses S. Grant, vers 1870-1880.

Célèbre général de l'Union durant la guerre de Sécession, Ulysses S. Grant naît le 27 avril 1822 à Point Pleasant dans l'Ohio. Il entre à l'âge de 17 ans à l'académie militaire de West Point dont il ressort diplômé en 1843. Hésitant un temps à se retirer de l'armée, il est finalement redéployé comme officier lors de la guerre du Mexique (1845-1848). Promu capitaine en 1853, il démissionne néanmoins quelques mois plus tard.

Les années qui suivent sont difficiles pour Grant, qui passe du métier d'agriculteur à celui de magasinier sans véritable réussite. Quand la guerre de Sécession éclate, il a l'occasion de renouer avec l'armée. Le président Lincoln ordonne en effet le recrutement de milliers de volontaires. Grant forme alors son propre régiment et est très vite promu général. Comme la majorité des nordistes, il est abolitionniste et désire se battre pour l'Union. Le général ne tarde pas à se faire remarquer par ses nombreux succès, notamment lors de la prise de Vicksburg sur le Mississippi en 1863.

Le 9 mars 1864, le Congrès décide de rétablir le grade suprême de lieutenant général de l'armée qui n'avait plus été porté depuis George Washington (1732-1799). Le président Lincoln l'attribue sans hésiter à Grant qui prend le commandement d'un demi-million d'hommes et dirige désormais la stratégie militaire de l'Union. Peu de temps après, il entame le siège de Richmond, capitale de la Confédération, et, le 9 avril 1865, obtient la capitulation de Robert Lee, devenant ainsi un héros de guerre.

Dans la lignée de Lincoln, Grant se présente aux élections présidentielles de 1868 qu'il remporte sans difficulté, et est réélu en 1872. Il s'emploie dès lors à reconstruire le Sud et à lutter contre la ségrégation des Noirs, en adoptant notamment le Civil Right Act en 1875. Éclaboussé par plusieurs scandales de corruption de son administration, il se retire de la politique et entame un tour du monde. Il décède le 23 juillet 1885 à Mount McGregor dans l'État de New York.

JEFFERSON DAVIS

Photo de Jefferson Davis prise par Mathew Brady avant 1861.

Né le 3 juin 1808 dans le Kentucky, Jefferson Davis est le président de la Confédération des États sécessionnistes durant la guerre civile. En 1824, il entre à l'académie militaire de West Point et en ressort diplômé quatre ans plus tard. Il participe à plusieurs conflits contre les Indiens, notamment durant la guerre de Black Hawk en 1832.

Attiré tout comme Lincoln par la politique, Davis rejoint le Parti démocrate en 1840 et est élu en 1844 à la Chambre des représentants. Il reprend ensuite les armes en 1847 durant la guerre du Mexique avant d'être élu, la même année, sénateur du Mississippi à Washington. Il y défend avec conviction l'esclavage et le droit des États à le pratiquer. La carrière politique de Davis rencontre plusieurs succès. En 1853, il est choisi par le président Franklin Pierce (1804-1869) comme secrétaire de la Guerre pour renforcer les forces armées de l'Union. Réélu sénateur en 1856, il rejoint la cause des sécessionnistes en 1860.

Davis est alors choisi par les États confédérés pour assurer la présidence de la Confédération durant six ans. Investi le 18 février 1861, il ordonne l'attaque de Fort Sumter, déclenchant ainsi les hostilités entre le Nord et le Sud, et mène la politique de la Confédération durant tout le conflit. Si, dans un premier temps, les armées confédérées sortent victorieuses de leurs combats, elles s'avèrent toutefois incapables de garantir l'intégrité de la Confédération sur le long terme. Suite à la capitulation d'avril 1865, Davis est transféré de ville en ville. Il finit toutefois par dissoudre son Gouvernement le 5 mai 1865, signant l'arrêt de mort de la Confédération.

Capturé la même année, il est emprisonné jusqu'en 1867. Libéré, il se retire dans les affaires et dans la gestion de sa plantation. Il décède le 6 décembre 1889 à La Nouvelle-Orléans.

ROBERT E. LEE

Portrait de Robert E. Lee réalisé par Julian Vannerson en 1864.

Illustre général de l'armée sudiste, Robert E. Lee est né le 19 janvier 1807 à Stratford Hall dans l'une des plus vieilles familles de Virginie. Comptant parmi ses ancêtres des héros de la guerre d'indépendance, il se destine naturellement à l'armée et rejoint l'académie militaire de West Point en 1825. Quatre ans plus tard, il est diplômé avec les éloges de ses supérieurs.

L'ensemble de la carrière militaire de Lee ne manque pas de réussites. Officier du génie durant 25 ans, il participe activement à la guerre du Mexique, devient surintendant de West Point en 1852 puis est nommé lieutenant-colonel en 1855 en vue de défendre les populations du Texas contre les Indiens.

Lorsque l'Union subit de plein fouet la sécession du Sud, Lee ne cache pas son hostilité face à la Confédération qu'il juge inconstitutionnelle et indigne des Pères fondateurs. Rejoignant les armées de l'Union, il se voit proposer le grade de général et le commandement d'une armée. Toutefois, suite à la sécession de la Virginie en avril 1861, Lee préfère démissionner, ne pouvant lever les armes contre sa terre natale. Déchiré par ce choix dramatique, il s'engage dans l'armée confédérée pour une cause qu'il sait perdue d'avance. Il se voit confier le commandement des forces de Virginie puis, en janvier 1865, devient le général en chef de l'armée sudiste.

Fin stratège et jouissant d'une habileté tactique et d'une agressivité hors normes, Lee remporte de nombreuses victoires face à l'Union, telles celles de Fredericksburg (1862) et de Chancellorsville (1863). Il marchera même sur Washington avant d'être battu à Gettysburg en 1863. Le manque de ressources du Sud condamne toutefois progressivement la Confédération. En avril 1865, Robert Lee est contraint de signer la capitulation à Appomattox. Il se réjouit néanmoins de l'abolition de l'esclavage, gage de la réconciliation, et soutient la reconstruction du Sud. Il décède cinq ans plus tard, le 12 octobre 1870, à Lexington.

LA GUERRE DE SÉCESSION

L'ÉTINCELLE DE FORT SUMTER

L'élection d'Abraham Lincoln est perçue comme une provocation dans le Sud. La confiance étant rompue, c'est la Caroline du Sud qui, la première, remet en cause le lien fédéral avec l'Union. Le 20 décembre 1860, ses délégués votent la sécession à l'unanimité. Fustigeant les intentions de Lincoln, la Caroline du Sud se défend d'être un État souverain, libre de sa propre destinée. Aucune guerre n'est alors envisagée. Les sécessionnistes espèrent suivre pacifiquement leur chemin en dehors de l'Union, et, même dans le Nord, plusieurs voix se lèvent pour les laisser faire.

Néanmoins, le mouvement séparatiste n'en reste pas là. Dans les mois qui suivent, six autres États rejoignent les rangs de la Sécession : le Mississippi (9 janvier 1861), la Floride (10 janvier), l'Alabama (11 janvier), la Géorgie (19 janvier), la Louisiane (26 janvier) et le Texas malgré l'opposition de son gouverneur (1er février). Le 4 février 1861, ces derniers choisissent de s'unir au sein d'une Confédération des États d'Amérique qui, à plus d'un titre, reprend le système politique de l'Union. L'esclavage est reconnu par la nouvelle Constitution sans restaurer pour autant la traite. Fort de cette nouvelle organisation, le Sud déclare sa sécession complète et définitive, et n'hésitera pas à se défendre en cas d'attaque. Face à cette radicalisation des discours, le Nord entend bien pour sa part faire respecter le pacte fédéral.

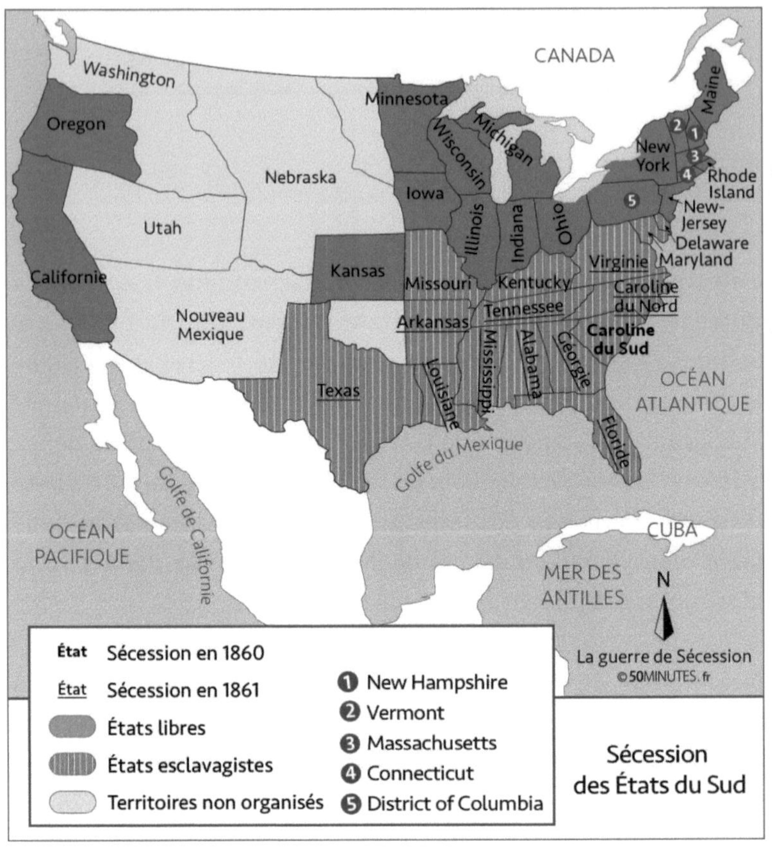

C'est dans ce climat sous haute tension que, le 4 mars 1861, Abraham Lincoln prête serment. Dans son discours d'investiture, il se veut rassurant et conciliant. Il rappelle au Sud qu'il n'a nullement l'intention d'abolir l'esclavage dans les régions où il est pratiqué, mais qu'il souhaite fondamentalement sauvegarder l'Union. Il n'en qualifie pas moins la Sécession d'illégale et met en garde : tout acte de violence contre le Gouvernement fédéral sera jugé insurrectionnel. Lincoln reste toutefois prudent. Il ne sera pas l'agresseur ; s'il y a conflit, il sera provoqué par la Confédération et non par l'Union.

Or la guerre est inévitable, les négociations n'aboutissant à rien. La question des propriétés fédérales en territoire confédéré devient un sujet de crispation. L'Union possède en effet une série de forts et d'arsenaux dispersés dans tout le pays, y compris dans le Sud. Si l'ensemble de ces propriétés est réquisitionné par la Confédération durant les premières semaines de la Sécession sans véritable incident, deux forts maritimes restent aux mains des yankees : Fort Pickens (suffisamment éloigné des côtes pour être ravitaillé sans heurt) et Fort Sumter.

Situé à proximité du port de Charleston en Caroline du Sud, ce dernier fort, dirigé par Robert Anderson (1805-1871), choisit de rester fidèle à l'Union. En état de siège durant des mois, la garnison formée d'environ 70 hommes a besoin d'un ravitaillement urgent. Lincoln, qui espérait avoir plus de temps, est face à un dilemme : il s'est engagé à défendre l'Union et ses biens, mais il est conscient qu'un ravitaillement du fort risquerait d'enclencher les hostilités. Le 10 avril, il prend toutefois la décision de le ravitailler par voie maritime.

Du côté de la Confédération, Fort Sumter constitue un symbole nordiste qui remet en cause l'indépendance du Sud. Jefferson Davis ne peut tolérer plus longtemps cette situation qui vient mettre à mal la crédibilité de la Confédération. Conscient qu'il faut agir avant l'arrivée de l'approvisionnement, le vendredi 12 avril 1861 à 4 h 30, il donne l'ordre au général Pierre Beauregard (1818-1893) d'ouvrir le feu. Durant 37 heures, l'artillerie pilonne le fort sans relâche. Pas moins de 4 000 obus détruisent Fort Sumter qui finit par se rendre. Lincoln n'a désormais plus d'autre choix que de défendre l'Union et d'y ramener les rebelles de gré ou de force. Le lendemain, il ordonne la levée d'une armée de 75 000 volontaires alors que le Sud en a déjà appelé 100 000. La guerre civile vient de commencer. Dans la foulée, quatre autres États rejoignent la Confédération : la Virginie, l'Arkansas, le Tennessee et la Caroline du Nord. Le Missouri, le Kentucky, le Maryland et le Delaware, pourtant esclavagistes, restent pour leur part fidèles à l'Union.

Bombardement de Fort Sumter.

Malgré ce premier revers de l'Union, personne ne doute de sa réussite prochaine. Le Nord possède en effet des ressources nettement supérieures à celles du Sud. Il dispose non seulement de l'industrie, mais aussi des réserves de charbon et d'acier ainsi que d'un réseau ferroviaire développé. Le potentiel humain est de même colossal. Comptant 23 millions de personnes, les yankees sont en supériorité numérique face aux sudistes qui ne comptent que 9 millions d'individus, dont 3,5 millions de Noirs susceptibles de se rebeller. Le Sud cumule certes une série de faiblesses, mais il dispose néanmoins d'hommes aux excellentes qualités militaires et familiarisés à l'art de la guerre, contrairement au Nord dont l'armée est mal préparée. Avant la Sécession, l'Union ne dispose en effet que d'une armée régulière de 18 000 hommes qui, en dehors de la guerre du Mexique, n'a combattu que des Indiens. De part et d'autre, tout est donc à faire. Cet enrôlement progressif sera le théâtre de tragédies. Dans les États proches de la nouvelle frontière, nombreuses sont les familles qui verront leur fils se battre pour l'un ou l'autre camp.

L'UNION EN ÉCHEC

La riposte de l'Union n'a lieu qu'en juillet 1861. Le théâtre des opérations est en effet immense et nécessite une longue préparation. Trois zones d'affrontement sont observables :

- sur mer, l'ensemble des côtes sudistes fait l'objet d'un blocus dès le 19 avril. Baptisé plan « Anaconda », le blocus doit empêcher tout approvisionnement du Sud. Il s'agit toutefois de surveiller près de 5 000 kilomètres de côtes avec une marine encore assez faible ;
- à l'est, entre les Appalaches et la façade atlantique, l'enjeu est de taille. Séparés par à peine 150 kilomètres, Washington (capitale des nordistes) et Richmond (capitale des sudistes) sont au cœur des stratégies militaires et nécessitent une protection constante ;
- à l'ouest, les efforts se concentrent sur le Mississippi, une voie d'accès en territoire sudiste susceptible de couper la Confédération en deux si l'Union venait à en prendre le contrôle.

Le premier assaut du Nord a lieu le 21 juillet à Bull Run à 40 kilomètres de Washington. Les hommes sont confiants et espèrent en finir rapidement. Sous les ordres du général Irwin McDowell (1818-1885), l'armée fédérale va à la rencontre des confédérés. Si l'Union semble tout d'abord remporter la victoire, l'arrivée de renforts sudistes finit par semer la débandade. Les yankees, peu expérimentés et confrontés pour la première fois à la guerre, sont battus. Les survivants fuient en laissant leur équipement derrière eux. L'armée du Sud désorganisée ne peut, pour sa part, poursuivre le combat jusqu'à Washington. Incroyable déconvenue pour l'Union, l'échec de Bull Run se veut prémonitoire : la guerre sera longue et douloureuse.

Requérant de nouveaux efforts, Lincoln appelle 500 000 volontaires supplémentaires sous les drapeaux pour trois ans et confie la réorganisation de l'armée à George McClellan (1826-1885). En quelques mois, ce jeune général de 34 ans fait de l'armée du Potomac une force militaire redoutable et bien entraînée. La confiance règne à nouveau, mais McClellan est trop incertain. Craignant de perdre sa belle armée, il retarde les échéances malgré les empressements de Lincoln.

Sur le front de l'est, l'offensive ne reprend qu'en mars 1862 avec la campagne de la Péninsule. À la tête de 200 000 hommes, McClellan se porte sur Richmond pour prendre la capitale à revers et anéantir l'armée sudiste. Le plan fonctionne comme prévu et prend les confédérés au dépourvu. En avril, 120 000 soldats de l'Union se trouvent aux portes de la ville et une seconde armée doit les rejoindre. Mais, alors que la victoire semble inévitable, le manque d'initiatives de McClellan transforme l'avantage de l'Union en désastre. Plus rapides, les confédérés mettent en place plusieurs lignes de défense autour de Richmond tandis qu'une autre armée sudiste dirigée par Thomas J. Jackson (1824-1863) se porte sur Washington, ce qui force le rappel de plusieurs forces armées nordistes pour protéger la capitale. Coincé devant Richmond face au général Lee, McClellan est désormais privé de renforts. La situation paraît désespérée : les désertions se multiplient et les maladies causées par les marécages nauséabonds et les pluies torrentielles font de nombreuses victimes. Agacé, Lincoln ordonne tout de même une attaque. Le 25 juin débute la bataille des Sept Jours. Le désastre est total : Lee pousse McClellan à la retraite, et le général se voit disgracié.

Cet enlisement sur le front de l'est, l'Union le connaîtra tout au long de l'année 1862. Aucun des généraux choisis par le président ne parvient véritablement à s'imposer. Deux mois après l'échec de McClellan, l'Union fait face à une nouvelle déconvenue à Bull Run les 29 et 30 août.

Seconde bataille de Bull Run.

Cet épisode pousse le général Lee à passer à l'offensive. Le 6 septembre, il traverse le Potomac et pénètre dans le Maryland afin d'attaquer Washington. Rappelé en urgence, McClellan entend bien prendre sa revanche et se porte à la rencontre de l'armée sudiste qu'il repousse sur les rives de l'Antietam le 17 septembre. Toujours trop prudent, il manque l'occasion d'en finir avec l'armée de Lee en refusant de la poursuivre. La bataille d'Antietam se solde par une véritable hécatombe : en une seule journée, 6 000 Américains décèdent et 17 000 autres sont blessés, faisant de ce combat le jour le plus sanglant de l'histoire des États-Unis. Dans la foulée de cette triste victoire, Lincoln prend la décision d'émanciper les esclaves le 23 septembre 1862. Il libère ainsi tous les esclaves du Nord et du Sud qui peuvent désormais s'engager dans l'armée, dans des unités distinctes de celles des Blancs.

À nouveau destitué, McClellan est remplacé par le général Ambrose Burnside (1824-1881). Mais ce dernier s'avère tout aussi peu efficace. Le 13 décembre 1862, il lance une nouvelle attaque sur Richmond, mais est stoppé à Fredericksburg par l'armée de Lee solidement retranchée de l'autre côté du fleuve Rappahannock. Sans aucune considération pour ses hommes, Burnside ordonne l'attaque et la traversée du fleuve. Sous un feu constant, les soldats de l'Union tombent les uns après les autres. On dénombre pas moins de 12 000 pertes (morts et blessés) dans le camp yankee contre deux fois moins du côté des sudistes.

La bataille de Fredericksburg.

Les premiers mois de 1863 ne sont pas plus réjouissants pour les nordistes. Le 1er mai, le général Joseph Hooker (1814-1879), récemment promu commandant de l'armée du Potomac, reprend l'offensive avec 113 000 soldats contre 55 000 dans le camp de Lee. Il espère contourner Fredericksburg et encercler ainsi l'armée sudiste. La tactique est cependant vite déjouée par Lee qui décide d'envoyer son armée à la rencontre des yankees à Chancellorsville. Constatant les faiblesses de l'armée du Nord, il choisit délibérément de scinder ses forces afin de prendre Hooker en tenaille alors même qu'il dispose de troupes limitées. Au prix de lourdes pertes (13 000 contre 17 000 nordistes), la manœuvre réussit, renvoyant les soldats de l'Union à Washington. Le constat est clair : la Confédération se battra avec acharnement pour défendre sa cause.

À l'est, la guerre s'enlise et nombreux sont ceux dans le Nord qui aspirent à la paix plutôt qu'à poursuivre une guerre douloureuse. Lincoln refuse, supprime l'*habeas corpus* (une liberté fondamentale qui permet de ne pas être emprisonné sans jugement) et obtient, le 3 mars 1863, la conscription. Les soldats sont désormais sélectionnés par tirage au sort, mais peuvent être exemptés grâce au payement de 300 $, une exemption qui ouvre la voie aux inégalités.

À LA CONQUÊTE DU MISSISSIPPI

Sur le front de l'ouest, la situation de l'Union est beaucoup plus enviable. Les efforts se concentrent avant tout sur le fleuve Mississippi. Porte d'entrée tant vers le nord que vers le sud, le fleuve est un enjeu stratégique crucial. Souhaitant assurer ses arrières, la Confédération lance une offensive vers le Missouri. Mais l'armée yankee parvient à repousser les sudistes, et leur inflige même une défaite à Pea Ridge, dans le nord de l'Arkansas, le 6 mars 1862.

État voisin du Missouri, le Kentucky est lui aussi dans la ligne de mire des sudistes. Son territoire est en partie envahi en septembre 1861, ce qui permet aux confédérés de fortifier la ville de Colombus sur les hauteurs du Mississippi. Toutefois, les nordistes, dirigés dans la région par Grant, ne comptent pas se laisser faire. Au lieu de reprendre Columbus, le général envoie son armée vers le Tennessee et s'empare les 6 et 16 février des Forts Henry et Donelson, coupant la vallée des fleuves Tennessee et Cumberland, et ouvrant l'entrée de l'État à l'armée nordiste. Grant n'en reste pas là. Avançant à grands pas, il descend le fleuve Tennessee avec son armée tandis qu'une autre commandée par Don C. Buell (1818-1898) s'engage à sa suite depuis le centre du Kentucky.

Face à cette menace grandissante, l'armée confédérée se jette à la rencontre de Grant. Le 6 avril 1862, les deux forces se retrouvent à Shiloh. La bataille fait rage, et Grant est sur le point de céder sur son flanc gauche, mais Buell vient lui porter secours. L'Union sort victorieuse au prix de lourdes pertes : de part et d'autre, 20 000 soldats sont tués, blessés ou portés disparus.

Bataille de Shiloh, tableau de Thure de Thulstrup, 1888.

Le jour suivant, Columbus est récupéré, et Memphis tombe aux mains du Nord le 6 juin. Les succès s'enchaînent pour l'Union. En juillet, une invasion du Kentucky par les sudistes est repoussée. Mieux encore, les yankees s'enfoncent de plus en plus dans le Tennessee en direction de Chattanooga depuis Nashville. Entre le 31 décembre 1862 et le 2 janvier 1863 la bataille de Stones River entre les deux villes laisse toutefois les deux armées exsangues pour un temps.

Sur mer, le plan « Anaconda » ne devient véritablement effectif qu'en 1862. Entre-temps, la Confédération a recours à des corsaires pour s'approvisionner ou à des forceurs de blocus pour amener armes et munitions au Sud. Toutefois, le renforcement continu de la flotte unioniste avec ses cuirassés, ses mines sous-marines ou encore ses premiers sous-marins la contraint très vite à ne plus compter que sur ses propres ressources. Pire encore, en avril 1862, l'Union lance une offensive navale sur La Nouvelle-Orléans afin de prendre le contrôle de l'embouchure du Mississippi. Bombardée dès le 24 avril 1862, la ville tombe aux mains du Nord cinq jours plus tard. Le coup est rude pour le Sud qui voit capituler l'une de ses villes les plus importantes. Désormais prise en tenaille, la Confédération ne contrôle plus que le cours moyen du fleuve entre Vicksburg et Port Hudson. Vicksburg est désormais sous la menace de Grant, ce qui inquiète Davis. Ce dernier en informe Lee qui, au lieu de porter secours à la ville, entend bien porter le coup de grâce à l'Union.

LE CHOC DE GETTYSBURG ET LA LENTE AGONIE DU SUD

Condamnée sur le long terme, la Confédération se doit de mener une bataille décisive qui forcera l'Union à signer une paix et à reconnaître *de facto* le nouvel État. Le général Lee met en place une stratégie audacieuse : traverser le Potomac sur le front de l'est, envahir la Pennsylvanie et menacer Washington par le nord. Le général est conscient qu'il s'agit là d'une ultime tentative pour le Sud dont les ressources s'épuisent. En juin 1863, l'armée se met en marche : ce ne sont pas moins 70 000 hommes qui franchissent le Potomac à l'assaut du Nord en direction de Harrisburg. Lincoln demande aussitôt à l'armée du Potomac, dirigée par George G. Meade (1815-1872), de poursuivre les confédérés. Le 1er juillet 1863, les deux armées se confrontent à proximité de Gettysburg.

Durant trois jours, l'armée sudiste tente de percer la défense nordiste. Rien n'y fait. Solidement ancrés, les hommes de Meade tiennent bon et obtiennent même des renforts, tandis que les cadavres se multiplient dans les deux camps. Le 3 juillet, Lee, désespéré, lance une ultime offensive suicidaire. Il demande à 14 000 soldats de charger à découvert sur 1 200 mètres. Le massacre est inévitable, et deux tiers de la troupe trouvent la mort, ce qui contraint Lee à la retraite. En trois jours 51 000 hommes sont mis hors combat (23 000 nordistes et 28 000 sudistes). À compter de ce moment, la Confédération doit se cantonner à une stratégie défensive. Pour l'Union, la victoire est retentissante et ranime les esprits sur les objectifs de la guerre.

Venant rendre hommage aux morts de Gettysburg, Lincoln prononce, le 19 novembre 1863, l'un de ses plus célèbres discours :

> « [...] C'est à nous de décider que ces morts ne seront pas morts en vain ; à nous de vouloir qu'avec l'aide de Dieu notre pays renaisse dans la liberté ; à nous de décider que le gouvernement du peuple, par le peuple et pour le peuple, ne disparaîtra jamais de la surface de la Terre » (discours repris dans AMEUR (Farid), *La guerre de Sécession*, Paris, PUF, 2004, p. 91).

Photo de Lincoln à Gettysburg venu rendre hommage aux morts.

En parallèle à cette bataille, l'Union connaît un succès retentissant à l'ouest avec la conquête de la place forte de Vicksburg, le 4 juillet 1863. La ville est alors au cœur de la stratégie nordiste. Flanquée sur les hauteurs de la rive est du Mississippi, Vicksburg fait partie des derniers remparts de la Confédération sur le grand fleuve permettant la communication avec l'ouest de la Louisiane et le Texas. Réputée imprenable, la ville met en échec le général Grant durant plusieurs mois. Toutefois, ce dernier ne se décourage pas. En avril 1863, il ordonne le transfert de ses troupes par bateaux vers le sud, au-delà de Vicksburg. La traversée est loin d'être une croisière de plaisance. Au feu des cuirassés répond sans relâche l'artillerie de la ville. Les pertes sont importantes, mais les troupes fédérales passent.

Par une formidable manœuvre de contournement par l'est, l'armée fédérale vient ensuite prendre à revers la place forte à la mi-mai. Le siège de Vicksburg commence. Si pendant un temps, la population résiste, le manque de renfort la fait sombrer dans la famine. Le 4 juillet, après 48 jours de siège, la place capitule et entraîne dans sa chute Port Hudson situé plus au sud.

Tableau représentant l'assaut de Vicksburg.

L'ensemble du fleuve Mississippi est désormais aux mains de l'Union. Coupée en deux, la Confédération commence sa lente agonie. Dans le Tennessee, l'offensive yankee reprend de plus belle, galvanisée par les récentes victoires. Knoxville se rend le 3 septembre, suivie de Chattanooga, une ville ferroviaire stratégique, six jours plus tard. Les portes de la Géorgie s'ouvrent aux nordistes qui avancent vers Chickamauga. Ils sont toutefois pris de vitesse par les sudistes qui, non contents de les repousser, les poursuivent dans leur retraite vers Chattanooga. Le désastre est évité de peu. Arrivés en renfort, Grant et une partie de l'armée du Potomac repoussent la menace.

LE 9 AVRIL 1865 À APPOMATTOX

Le Sud est désormais en proie à l'agonie : les ressources agricoles commencent à manquer ; le blocus maritime empêche toute importation et exportation ; le moral est au plus bas. L'Union le sait : la fin de la guerre est proche. Suite à ses victoires, le général Grant reçoit le titre de lieutenant général le 9 mars 1864 et prend la tête de l'armée fédérale. Son objectif est clair : en finir avec l'armée confédérée en Virginie, même au prix de lourdes pertes.

Avec 120 000 hommes, Grant prend le chemin de la Virginie le 4 mai 1864. Les confrontations avec l'armée confédérée de Lee sont toutes sanglantes, mais, fort de sa supériorité numérique, Grant ne cède rien. Il talonne continuellement l'armée sudiste qui menace de se désintégrer. Dans ce duel de titans, la stratégie de Grant finit par porter ses fruits : à la mi-juin, les sudistes se retirent dans les lignes de tranchées qui entourent Richmond et Petersburg. L'ultime siège qui doit donner la victoire à l'Union vient tout juste de commencer.

Pendant ce temps, à l'ouest, l'armée fédérale dirigée par William T. Sherman (1820-1891) se lance à l'assaut d'Atlanta en Géorgie. Deuxième centre industriel du Sud, la ville est également un carrefour ferroviaire stratégique qui dispose d'un arsenal important. Parti le 4 mai depuis Chattanooga, Sherman arrive non sans heurts aux portes de la ville défendue par le général John Bell Hood (1831-1879), le 22 juillet. Malgré une virulente défense, Atlanta tombe le 1er septembre. Sherman ordonne sa destruction par les flammes et se lance avec son armée dans une marche effrénée vers la mer. Plus rien désormais n'arrête les troupes fédérales qui pillent et brûlent tout sur leur passage dans un périmètre de 500 kilomètres de long et de 80 kilomètres de large. Le 21 décembre,

Sherman atteint Savannah sur la côte. Il entreprend ensuite sa remontée vers le nord pour prendre en tenaille l'armée de Lee, déjà aux prises avec Grant. La faible défense de la Caroline du Sud ne lui résiste pas. Le 17 février, Columbia est détruite, de même que Charleston. La fin est proche.

Après un hiver rigoureux, l'effort reprend aux alentours de Richmond à la fin mars. L'issue est connue. Privées de ravitaillement, les défenses de Richmond cèdent le 2 avril 1865. Les combats se poursuivent quelques jours, mais le moral n'y est plus. Les désertions sudistes sont de plus en plus importantes à mesure que les yankees gagnent du terrain. Le 9 avril 1865, le général Lee rend les armes à Appomattox Court Road et signe avec le général Grant la déclaration de reddition. Même si certains sudistes isolés continuent les combats jusqu'au 26 mai, la guerre de Sécession est bel et bien terminée. Entre-temps comme un ultime acte tragique de ce chapitre sanglant de l'histoire américaine, le président Lincoln est assassiné.

La reddition de Lee et de son armée à Grant.

La guerre de Sécession, avec ses innovations techniques et militaires telles que le fusil à canon rayé et à balle conique, aura été un terrible terrain d'expérimentation de la guerre moderne, comme en témoigne l'horreur des champs de bataille, photographiés pour la première fois. 618 000 Américains y trouvent la mort, soit plus que durant les deux guerres mondiales réunies (pour le camp américain). L'Union doit à présent renaître de ses cendres.

RÉPERCUSSIONS

L'HEURE DE LA RECONSTRUCTION

Contrairement à ce que l'on pourrait croire, la guerre de Sécession n'a pas mis un terme à la croissance dans l'Union, bien au contraire. Dans le Nord, la prospérité est au rendez-vous tout au long du conflit. L'industrie fonctionne à plein régime, et l'afflux d'immigrés se poursuit. Parallèlement, l'expansion vers l'ouest continue et se conjugue avec l'ambitieuse réalisation du chemin de fer transcontinental. En 1865, la victoire du Nord est donc totale.

Le Sud, quant à lui, ne peut que constater le désastre. Livrés au pillage, nombreux sont les villages, villes et plantations qui ont été réduits en cendres. L'économie agraire reposant sur l'exploitation du coton est ravagée, et nombre de localités sont en proie à la criminalité en raison de l'absence d'autorité politique. En 1865, la guerre cède donc sa place à la reconstruction dans le Sud.

En 1863, Lincoln se veut, comme à son habitude et contrairement aux membres les plus extrémistes de son parti, modéré et tolérant envers le Sud. Il souhaite amnistier tous ceux qui acceptent de prêter serment d'allégeance à l'Union. Il propose en outre que les États rebelles soient dirigés par des gouverneurs militaires jusqu'à leur réintégration complète dans la fédération. Mais son assassinat vient tout remettre en cause. Ne pouvant rivaliser avec les radicaux, le nouveau président Andrew Johnson (1808-1875) perd toute initiative dans la reconstruction.

Traité comme le seraient des provinces conquises, le Sud est divisé en cinq districts militaires dans lesquels est appliquée la loi martiale.

Les anciens dirigeants confédérés sont tous exclus du pouvoir politique, et de nouvelles constitutions dictées par les radicaux s'imposent dans tous les États du Sud. Progressivement, ceux-ci réintègrent l'Union : le Tennessee en 1865 ; l'Arkansas, l'Alabama, la Floride, la Géorgie, la Louisiane, la Caroline du Nord et du Sud en 1868 ; le Mississippi, le Texas ainsi que la Virginie en 1870.

Au niveau économique, les grandes plantations agraires sont réactivées tandis qu'une hausse des impôts permet le lancement de grands travaux (construction de lignes de chemin de fer ou encore d'écoles). Enfin, l'armée est progressivement démobilisée, et les hommes peuvent retourner à leurs anciennes activités. En 1866, il n'y a plus que 65 000 soldats sous les drapeaux. Les troupes quittent le Sud dont le retrait effectif prend fin en 1877.

DE L'ABOLITION À LA SÉGRÉGATION

Lorsqu'il apparaît évident que la guerre ne sera pas gagnée rapidement, la nécessité d'un objectif et d'un enjeu moral devient primordiale pour l'Union. Cette quête, ce sera l'abolition totale et définitive de l'esclavage, la question même qui, en 1860, a précipité les États-Unis dans la confrontation.

Une première étape est franchie en 1862 lorsque Lincoln décrète l'émancipation de tous les esclaves. Pourtant, le président ne tient pas à faire de sa politique une croisade contre l'esclavage. Toujours dans une optique de modération, il cherche surtout à préserver l'Union et à mettre fin à la rébellion. En août 1862, il déclare :

> « Mon objectif principal dans ce conflit est de sauver l'Union ; non de sauver ou de détruire l'esclavage. Si je pouvais sauver l'Union sans libérer aucun esclave, je le ferais ; si je pouvais la sauver en

> libérant tous les esclaves, je le ferais aussi ; et si je pouvais la sauver en libérant certains et en laissant les autres de côté, je le ferais également. » (discours repris dans AMEUR (Farid), *La guerre de Sécession*, p. 81)

Sous la pression des républicains radicaux, il proclame, le 23 septembre 1862, l'émancipation de tous les esclaves. Effective au 1er janvier 1863, elle libère les esclaves du Sud sans contrepartie pour les propriétaires. Ceux du Nord, restés loyaux, sont pour leur part indemnisés. Les Noirs libérés peuvent donc s'engager dans l'armée dans des unités distinctes des Blancs et avec une solde inférieure.

Une fois la guerre terminée, il n'est plus possible de revenir en arrière. La guerre et l'émancipation des esclaves ont lancé les États-Unis sur le chemin de l'abolition de l'esclavage. Le 31 janvier 1865, le pas est définitivement franchi : le Congrès fédéral vote à la majorité des deux tiers le XIIIe amendement de la Constitution visant à abolir l'esclavage dans l'ensemble de l'Union. Ratifié au fur et à mesure par les différents États, l'amendement est définitivement intégré à la Constitution en décembre 1865. En parallèle à cette mesure, le Gouvernement prévoit de donner 40 acres et une mule à chaque ancien esclave pour assurer son indépendance.

Les républicains radicaux ne souhaitent toutefois pas en rester là et entendent bien accorder l'ensemble des droits civiques à la population noire. Le 28 juillet 1868, le XIVe amendement, qui lui attribue les droits civiques, est adopté, et, le 30 mars 1870, il en est de même pour le XVe amendement qui lui accorde le droit de vote. La révolution est totale. Mais si, sur le papier, les Noirs ont désormais les mêmes droits que les Blancs, la réalité s'avère très différente et décevante, malgré les tribunaux mis en place pour faire respecter ces décisions.

En effet, dans les anciens États rebelles, la nostalgie de l'ancien Sud amène vite les autorités à promulguer des « codes noirs » qui visent à assurer la suprématie des Blancs. Des sociétés secrètes voient également le jour pour s'opposer à l'égalité entre les hommes, à l'instar du Ku Klux Klan qui sera interdit en 1869. Recourant à la violence, elles dissuadent vite les Noirs d'exercer leurs nouveaux droits. En outre, loin d'avoir reçu ce que le Gouvernement leur avait promis, les anciens esclaves sont souvent contraints de retourner travailler pour leur ancien maître sur les mêmes plantations qu'autrefois. Partout, la ségrégation s'installe. Il faudra attendre les années soixante – un siècle plus tard ! – et le célèbre discours de Martin Luther King (1929-1968) pour en finir avec l'inégalité. La vigilance reste néanmoins de mise, comme en témoigne encore la tuerie de Charleston qui a eu lieu en 2015.

Traumatisme dont les blessures sont encore bien présentes dans les esprits, la guerre de Sécession n'en reste pas moins le combat d'une nation entière pour garantir son unité et mettre fin à la servitude des hommes en Amérique.

EN RÉSUMÉ

1787	La Constitution permet à chaque État de pratiquer ou non l'esclavage
1820	Compromis du Missouri
1857	La Cour suprême déclare le compromis du Missouri contraire à la Constitution
1860	Abraham Lincoln devient président La Caroline du Sud fait sécession
Janv. 1861	Six autres États font sécession
4 fév. 1861	Création de la Confédération des États d'Amérique
12 avr. 1861	Fort Sumter est attaqué par le Sud Début de la guerre de Sécession
21 juill. 1861	Premier assaut du Nord à Bull Run
6 avr. 1862	Bataille de Shiloh
25 juin-1ᵉʳ juill. 1862	Bataille des Sept Jours
29-30 août 1862	Seconde bataille de Bull Run
17 sept. 1862	Bataille d'Antietam
23 sept. 1862	Abraham Lincoln fait émanciper les esclaves du Nord et du Sud

La guerre de Sécession © 50MINUTES.fr

13 déc. 1862	Bataille de Fredericksburg
31 déc. 1862-2 janv. 1863	Bataille de Stones River
1er-6 mai 1863	Bataille de Chancellorsville
18 mai-4 juill. 1863	Siège de Vicksburg
1er-3 juill. 1863	Bataille de Gettysburg
1865	Réélection d'Abraham Lincoln
2 avr. 1865	Richmond cède
9 avr. 1865	Le Sud capitule Fin de la guerre de Sécession
15 avr. 1865	Abraham Lincoln est assassiné
26 mai 1865	Fin de tous les combats
6 déc. 1865	Le Congrès adopte le XIIIe amendement
1865	Le Tennessee réintègre l'Union
Déc. 1865	Le XIIIe amendement est intégré dans la Constitution
1868	L'Arkansas, l'Alabama, la Floride, la Géorgie, la Louisiane, la Caroline du Nord et du Sud réintègrent l'Union
28 juill. 1868	Le XIVe amendement accorde les droits civiques à la population noire
1870	Le Mississippi, le Texas et la Virginie réintègrent l'Union
30 mars 1870	Le XVe amendement accorde le droit de vote à la population noire

- Le 20 décembre 1860, la Caroline du Sud proclame sa sécession des États-Unis, suite à l'élection d'Abraham Lincoln. Six autres États font de même et fondent la Confédération des États d'Amérique le 4 février 1891, dont Jefferson Davis devient président.

- Le 12 avril 1861, la Confédération prend la décision de bombarder Fort Sumter, l'un des derniers bastions de l'Union dans le Sud, ce qui déclenche les hostilités. Quatre autres États rejoignent la Confédération. La guerre de Sécession vient de commencer.

- Sur le front de l'est, les troupes de l'Union sont tenues en échec par l'armée du général Lee durant deux ans. Les batailles de Bull Run I (21 juillet 1861), des Sept Jours (26 juin 1862), de Bull Run II (29-30 août 1862), d'Antietam (17 septembre 1862), de Fredericksburg (13 décembre 1862) et de Chancellorsville (2 mai 1863) sont d'une violence inouïe.

- Sur le front de l'ouest, l'Union connaît en revanche plusieurs victoires. Repoussant les sudistes, le général Grant progresse dans le Tennessee, libérant par la même occasion le nord du fleuve Mississippi.
- Parallèlement, le 29 avril 1862, La Nouvelle-Orléans tombe entre les mains du Nord après un bombardement de la marine. Le plan « Anaconda » devient véritablement effectif.
- L'année 1863 fait pencher le rapport de force en faveur de l'Union. Le choc de Gettysburg se clôt sur une victoire pour les yankees à l'est.
- Dans le même temps, Grant libère entièrement le cours du Mississippi à la suite de sa victoire à Vicksburg le 4 juillet. Le Sud est désormais coupé en deux.
- La Confédération commence sa lente agonie. Alors que Grant entame le siège de Richmond en mai 1864, les armées de Sherman pénètrent en Géorgie. Atlanta est incendiée le 1er septembre.
- Enfin, à l'est, Richmond finit par tomber au début du mois d'avril 1865. Sa chute entraîne toute la Confédération. Le 9 avril 1865, le général Lee proclame la reddition à Appomattox, mettant fin à au conflit.
- Cinq jours plus tard, Abraham Lincoln est assassiné à Washington, non sans avoir fait voter au préalable le XIIIe amendement visant à abolir l'esclavage.

Votre avis nous intéresse !

Laissez un commentaire sur le site de votre librairie en ligne et partagez vos coups de cœur sur les réseaux sociaux !

POUR ALLER PLUS LOIN

SOURCES BIBLIOGRAPHIQUES

- AMEUR (Farid), *La guerre de Sécession*, Paris, PUF, 2004.
- CATTON (Bruce), *La guerre de Sécession*, Paris, Payot, 1983.
- KASPI (André), *Les Américains. Naissance et essor des États-Unis*, t. I, 1607-1945, Paris, Seuil, 1986.
- KASPI (André), *La guerre de Sécession. Les États désunis*, Paris, Gallimard, 1999.
- KEEGAN (John), *La guerre de Sécession*, Paris, Perrin, 2011.
- MCPHERSON (James M.), *La guerre de Sécession (1861-1865)*, Paris, Laffont, 1996.

SOURCES COMPLÉMENTAIRES

- HEFFER (Jean), *Les origines de la guerre de Sécession*, Paris, PUF, 1971.
- HEIDLER (David S. et Jeanne T.), *Encyclopedia of the American Civil War: a Political, Social, and Military History*, New York, W. W. Norton & Co, 2002.
- KENEALLY (Thomas), *Abraham Lincoln*, Paris, Belin, 2013.
- LEMAITRE (René), *La guerre de sécession en photos, avec un choix de textes de témoins français*, Paris, Elsevier-Séquoia, 1975.
- SIFAKIS (Stewart), *Who Was Who in the Civil War: A Comprehensive, Illustrated Biographical Reference to more than 2,500 of the Principal Union and Confederate Participants in the War Between the States*, Berwyn Heights, Heritage Book Inc., 2014.

SOURCES ICONOGRAPHIQUES

- Esclaves noirs américains utilisant la première égreneuse afin de séparer la graine du coton de sa fibre, dessin de William L. Sheppard, 1869. © The Library of Congress.
- Dessin représentant Abraham Lincoln réalisé en 1894. © Internet Archive Book Images.
- Assassinat d'Abraham Lincoln. La photo reproduite est réputée libre de droits.
- Portrait d'Ulysses S. Grant, vers 1870-1880. © Brady-Handy Photograph Collection.
- Photo de Jefferson Davis prise par Mathew Brady avant 1861. La photo reproduite est réputée libre de droits.
- Portrait de Robert E. Lee réalisé par Julian Vannerson en 1864. © Library of Congress.
- Bombardement de Fort Sumter. La photo reproduite est réputée libre de droits.
- Seconde bataille de Bull Run. La photo reproduite est réputée libre de droits.
- La bataille de Fredericksburg. La photo reproduite est réputée libre de droits.
- *Bataille de Shiloh*, tableau de Thure de Thulstrup, 1888. © Library of Congress.
- Photo de Lincoln à Gettysburg venu rendre hommage aux morts. © David Bachrach.
- Tableau représentant l'assaut de Vicksburg. © US Army Center of Military History.
- La reddition de Lee et de son armée à Grant. © Library of Congress.

FILMS ET DOCUMENTAIRES

- *Autant en emporte le vent*, film de Victor Fleming, avec Vivien Leigh, Clark Gable et Leslie Howard, États-Unis, 1939.

- *Les Bleus et les Gris*, mini-série réalisée par Bruce Broughton, avec Stacy Keach, John Hammond et Colleen Dewhurst, États-Unis, 1982.
- *Gettysburg*, film de Ron Maxwell, avec Martin Sheen, Stephen Lang et Jeff Daniels, États-Unis, 1993.
- *Gods and Generals*, film de Ron Maxwell, avec Robert Duvall, C. Thomas Howell et Stephan Lang, États-Unis, 2003.
- *The Civil War : la guerre de Sécession*, documentaire réalisé par Ken Burns, Paris, Arte, 2009.
- *Histoire de l'Amérique : La guerre de Sécession*, documentaire réalisé par Jenny Ash, Renny Bartlett, Clare Beavan *et alii*, Angleterre, 2010.
- *Lincoln*, film de Steven Spielberg, avec Daniel Day-Lewis, Sally Field et Tommy Lee Jones, États-Unis, 2012.
- *Killing Lincoln*, film d'Adrian Moat, avec Billy Campbell, Jesse Johnson et Garaldine Hughues, États-Unis, 2013.

MUSÉES ET MONUMENTS COMMÉMORATIFS

- Le Memorial Shaw, à Boston.
- Le Soldiers' and Sailors's Monument, à New York.
- Le Cavalry Charge US Grant Statue, à Washington.
- Le Lincoln Memorial, à Washington.
- Le Fort Sumter, en Caroline du Sud.
- Le champ de bataille de Gettysburg.
- L'American Civil War Museum, à Gettysburg.
- Le National Civil War Museum, à Harrisburg.
- Le Confederate Museum, à Woluwe-Saint-Lambert (Belgique).

50MINUTES

www.50minutes.com

Éditeur responsable : Lemaitre Publishing
Avenue de la Couronne 382 | BE-1050 Bruxelles
info@lemaitre-editions.com

ISBN ebook : 978-2-8062-7720-6
ISBN papier : 978-2-8062-7721-3
Dépôt légal : D/2016/12603/126
Photo de couverture : © US Army Center of Military History.

Conception numérique : Primento,
le partenaire numérique des éditeurs